Toai Vu Duy
Die noch in mir bleibende Liebe

Toai Vu Duy

Die noch in mir bleibende Liebe

Rediroma-Verlag

Bibliografische Information der Deutschen Nationalbibliothek:
Die Deutsche Nationalbibliothek verzeichnet diese Publikation in der Deutschen Nationalbibliografie; detaillierte bibliografische Daten sind im Internet über http://portal.dnb.de abrufbar.

ISBN 978-3-98527-981-4

Umschlagillustration: ElDen.COS, Alluvion Stock (shutterstock.com)

www.rediroma-verlag.de
9,95 Euro (D)

EINLEITENDES STATEMENT

Diese Sammlung von Gedichten wurde mit Gedichten, intellektuellen Produkten mit der Farbe der Liebe erstellt.

Liebe hat viele Looks, viele Bilder, nicht nur Liebe in der Kategorie Paarliebe.
Wir haben Liebe zur Familie, Liebe zur Heimat, Liebe zu Freunden, Liebe zur Kunst und schließlich nicht unbedingt Liebe zu Mitmenschen.

Wir lieben auch die Natur, einschließlich der Liebe zu Pflanzen und Tieren.
Im Leben sehen wir also, dass die Liebe bereits im täglichen Leben unsere Emotionen übernommen hat.

Deshalb ist Liebe in jedem Menschen unverzichtbar.
Ohne Liebe wird der Mensch zu einem Schilfrohr ohne Grund.

Autor
Trường Hà Vũ Toại

2020

Inhalt

Danke Leben

Danke
Danke Leben
Gab mir
Hat mir ein Lächeln geschenkt
Von einer gütigen Mutter
ernsthafter Vater
aus der Zeit in der Wiege

Danke
Danke Leben
Brachte mir
Hat mir eine Einladung gegeben
Der Liebe
von süß
Aus den Augen meines Bruders

Danke
Danke Leben
Hat es mir beigebracht
Hat mir Dinge beigebracht
Vom menschlichen Schicksal
Von der Liebe des Lebens
Vom Dach der fröhlichen Schule

Danke
Danke Leben
Führte mich
Führte mich auf die Straße
Von der Heimat
Von Schmerzen
Aus meinem Land

BITTE EINMAL

Bitte einmal
Bitte nur einmal
Ich gebe dir die Wärme des Lebens
Ich schenke dir schöne Träume und glückliche Tage
Lass mich ein Lächeln finden
Dann werde ich dich für immer lieben

Ich war zurück

Ich bin wieder da
Wo die Berge tief im Wald liegen
Plotten
Der Weg, Mutter Erde zu retten
Wohin du zurückkommst
Der Nachmittagswind lässt leise nach
Baumreihen
Es gibt einen Sonnenstrahl
Regentropfen lauern immer noch über uns
Oder der Atem wilder Berge

Im Schlaf
Ich träume von Staub
Schwebend
Tausenden von Winden und Wolken folgen
Ich bin wieder da
Der alte Ort der Kindheit
Füße gleiten
Auf der Schotterstraße
Er fragte leise
Die tanzende gelbe Sonne
Weißt du, wie spät es ist?
Freund aus Kindertagen
Wo ist das Abenteuer?
Er träumt von einem Wiedersehen eines Tages.

Unbesungene Helden

Wer bist du
Als Mann der Generation
Zwanziger Jahre
Jugendliche Vitalität
Strahlende Augen
Und überfließende Liebe
Ich schätze
Geniales Leben
Heute Morgen
Gelbe Flagge weht im Wind
Eine Gruppe von Menschen geht
Dem Marschtempo folgen
Sogar du
Kinder, die Mutter Erde lieben
Lasst uns gemeinsam auf die Straße gehen
Lasst uns gemeinsam den Berg schützen
Morgen ist da
Keine Wolken mehr zum Verstecken
Himmel
Brokat sieht aus wie eine Drachenfee
Ich bin wieder da
Erklingen Sie das gerechte Urteil
Glückwunschlied
Sieg des ganzen Volkes
Himmel und Erde erwecken einen Frühling
Frühlingstreffen,
triumphaler Frühling.

ICH BIN DIR GEGEBEN

Ich gebe dir einen Kuss
Die ewige Liebe vergeht nicht
Sich gegenseitig ein Kissen voller Liebe schenken
Ich wünschte, meine Liebe wäre immer eisern

Ich habe dir einen Blumenstrauß geschenkt
Ich wünsche dir für immer eine Schönheit wie Hang Nga
Ich wünsche mir ein Leben so frisch wie neuer
Sonnenschein
Habe immer noch einen süßen Blumen-Look.

Erinnern Sie sich an welchen Tag?

Erinnern Sie sich, welcher Tag es war?
Treffen wir uns und schauen wir uns gemeinsam die Sterne an
Im Dunkeln süße Regentropfen
Wenn der Wind so klingt, als würde er flüstern

Hattest du an diesem Abend eine gute Nacht?
Es ist hell, aber immer noch bewölkt
Er trauerte mit leidenschaftlicher Liebe
Wenn Liebe die Liebe bitter macht

Dann regnete es plötzlich
Der Weg der unerwiderten Liebe zieht sich plötzlich hin
Wir beide trennen uns voneinander
Zeichen der Liebe, als der König erneut gelähmt war

Nun, von jetzt an werde ich mich trennen
Auf die alte Art flucht der Mond und die Träume verschwinden
Ich gehe in einem nebligen Traum
Er verschluckte sich und wartete darauf, dass der Vogel vorbeiflog.

ICH SENDE IHREN NAMEN

Ich rief ihren Namen
in den Nachmittagswolken, die sich über meinem Herzen ausbreiteten.
Am Abend
fallen die Blätter sanft auf die Straße,

Es war einmal, ich verliebte mich in ein hübsches Mädchen,
Jedes Mal, wenn sie sich treffen,
gehen die beiden gemeinsam nach Hause.

Bitte lass meine Haare wie Wolken sein

Bitte gib mir meine Haare
Wie Wolken, die in alle Richtungen fliegen

Bitte gib mir Form
Wie gelbe Blumen mein Herz erhellen

Lass mich träumen
Traum Liebe Liebe Ohnmacht Schmerz

Lass mich finden
ein Leben voller leidenschaftlichem Glück.

AKTUELLER GEIST

Sende dein Herz
Folgen Sie den Liedtexten
Ich habe es hier aufgeschrieben
Private Gefühle
Ich bin schon lange dabei
immer flüstern
Das geschätzte Geheimnis bewahren
Alte Liebesgeschichten
Es hat sogar meine Seele erweckt.

Ich erzähle es hier
Durch das Singen von Texten
Ich verliebe mich
Und ich hatte eine Menge
Windige Zeiten
Und wenn es regnet
Stundenlange Stille
Die Seele des Abenteuers an einem weit entfernten Ort

LIEBLINGSLIEBE

Hoffnung auf Liebe
Wo ist es jetzt kaputt?
Weil ich mitgebracht habe
Weißes Hemd überquert die Brücke

Ich bin froh
Freude in den Augen
Schöner Look
Folge dem blauen Himmel

Ich bin
in einer Welt voller Farben verloren
Le Heels wissen, wohin
Wohin wird die Trennung führen?
Folgen Sie Schritt für Schritt

Ein wenig Liebe

Und hier ist eine Rose,
die Farbe der Lippen der Geliebten. Seit dem Frühling
dieses Jahres ist die Liebe in mein Herz eingraviert
Kenne ich?
Das sage ich immer noch
Das Leben ist nicht voller Träume
Na dann sage ich einfach ja

Ich verlasse meine Liebe
Ich vermisse die Nachmittage
Der Regen gießt eine einsame Farbe
Tief geprägt von Einsamkeit

Der Duft der Liebe ist immer noch da
Atme den Block der Liebe ein
Träume sind Erinnerungen
Mehr dünne Arme

Auch wenn es kein Morgen gibt
Wegen der bitteren Nostalgie
Ich rufe schon ein Leben lang an
Romantische Liebe pflegen

Finde mich

Finde mich in der Tiefe
Oder im Himmel
Ich zögere, den König zu befragen
Lass die Liebe immer riechen

Finde dich in meinen Träumen
Oder aus allen poetischen Ideen
Mit viel Nostalgie
Regen oder Sonnenschein

Finde mich zum Lieben
Oder jeden Nachmittag verpassen
Der Frühling vergeht und kommt dann wieder
Liebe ist alles einsam

Finde dich vom Schmerz
Wenn die Freude vorbei ist
Tag für Tag ernsthaft
Bringen Sie den nächsten Tausend Liebe

Ich möchte dich lieben

Ich schwöre, dich für immer zu lieben
Auch wenn tausend Jahre ein bewölkter Himmel sind
Hey Baby
Bitte beeilen Sie sich nicht
Bitte beeilen Sie sich nicht
zu trauern
Lass die Tränen fließen
und die Liebe

Ich schreibe deinen Namen

Ich schreibe deinen Namen in die Mitte dieser Karte
An das Mädchen mit den fliegenden Haaren
Deep-Sky-Wolken, violette Himmelswolken
Ich erinnere mich, dass du dein dünnes Herz erstickt hast

Ich weiß, eines Tages werde ich dich verlassen
Dieser Tag verlief friedlich
Geschlossene Lippen verlassen die Welt
Geschlossene Augen, leer von Trauer

Ich träume davon, etwas in die Welt zurückzusenden
Bringt Liebe und Nostalgie mit sich
Der Boden des Grabes ist traurig vom Zirpen der Grillen
Weinen statt Seufzen

GEDICHT DES LANDES HUONG

Hörst du mich?
Die Stimme der Heimat hallt wider
Sie ist jede Nacht emotional
Zum Schaden des Vaterlandes

Die Wolken fliegen immer noch, Der Wind weht jeden Tag,
aber die Heimat ist in Gefahr Was wissen die Leute nicht?
Wo bist du?
Der Tränenfluss erstickt
Ich bin jetzt verloren,
ich höre jeden Schmerz

Bitte legen Sie Ihre Hände zusammen
Bitte senken Sie Ihren Kopf
Auch wenn es nur für eine Sekunde ist
Wende dich an Mutter Erde

Gedicht für Prinzessin Diana

Über eine reine Seele wie eine weiße Rose

Ich schreibe ein Liebesgedicht
Zur lächelnden Prinzessin
Strahlendes Lächeln aus dem Augenwinkel
Strahlend blaue Augen, Diana

Ich beende das Gedicht mit einer traurigen Melodie
Traurige Tropfen wie duftende weiße Blüten
Duftend wie ein gütiges Herz
Wohltätigkeit bietet ein Leben voller Geschmack.

Ich webe die Poesie des Himmels
Entdecken Sie den Sternenhimmel
Die Nacht funkelt wie eine Einladung
Diana dehnte ihre süße Vitalität aus

Ich habe ein Gedicht geschrieben, um sie an ihren Namen zu erinnern
Diana ist so anmutig wie Orchideen
Möge der Himmel es noch schätzen
Edle Liebe vergeht nicht

Trauriges Liebesgedicht Nummer 3

Meine Hände sind für immer stolz
Ich schließe ernsthaft die Blume der Liebe
Meine Liebe ist so schön
Unser Charme ist so magisch wie duftende Blumen
Mit dir ist mein Leben nicht einsam
Mit dir verwebe ich Lebensträume
Ich träume davon, meine Haare frisch zu machen
Lass meine Lippen charmanter lächeln

Mein Schatten hinter dem Vorhang

Wie ein Vogel am Himmel
Wie eine ferne Wolke
Wie eine Blume im Leben
Und träume davon, damit zu spielen

Schenk mir ein lächeln
Für immer schön auf den Lippen
Von dem kleinen Baby
Machen Sie das Leben frischer

Wo finde ich meine Stimme?
Nachmittag auf der Veranda
Jetzt nicht mehr verfügbar
Diese Seite ist hinter dem Vorhang

Herbstnachmittag

Herbstnachmittag
Bringen Sie lila Durianblüten mit
Wer sonst?
hilflos in einem betrunkenen Traum
Die Wolken fliegen immer noch
Als würde man mich an einen Ort des Verlusts zurückbringen

Es war einmal
Finde ich oft
Trotz Regen und Wind
Ich kann dich nicht vergessen
Mittlerweile ist es kaputt
Ich bin einsam im Mondlicht

Jetzt,
er wandert durch die Straßen,
Suche im Gedächtnis,
die Silhouette einer Zeit,
des langhaarigen Bruders,
von ekstatischer Liebe

Warte auf mich

Ich stehe allein im kalten Wind
Hören Sie, wie der Herbst zwischen goldenen Wolken stirbt
Wo bist du für meine einsame Seele?
Einmal zu warten ist wie tausend Jahre

Es gibt eine Wolke, die sich schnell in die Ferne bewegt
Grau ist traurig wie Nostalgie
Vorfreude auf den Sonnenuntergang, die kleinen Vögel schwärmen
Der kalte Tau sät den Bogen der Einsamkeit.

Verlorene Liebesgeschichte

Eines Tages traf ich sie
Dieses Mädchen mit den gelben Haaren und den Wolken
Charmantes Lächeln
Ich schaue dich an und sehe deine Seele verzückt
Das Leben weiß, wohin es gehen muss
Liebe bringt nur Kummer
Nun, ich kann nur dastehen und zusehen
Ich beobachte, wie du hinter den Bäumen verschwindest
Versteht jemand Liebe?
Tag und Nacht erinnere ich mich an die ferne Gestalt
Vergessen Sie ein Lächeln
Vergessen Sie, ein glückliches Leben zu führen

Regen

Regen
der Regen hört nicht auf

Erinnern Sie sich an einen Weg
ich pass auf dich auf
Im Auto sitzen
Ich schaue in den Himmel

Schimmernd
Finde den Schatten der Liebe
auf der Fahrbahnoberfläche
Wasserspritzen

Meine Schritte
zitternd im Wind

Lange Haare
Auf der Schulter tanzen

BOOT

Riesiges Nachtboot
Das Boot schwimmt
Das Boot liegt unsicher
Das Boot schwimmt noch.

Das Segelboot schwimmt,
Nehmen Sie den Reisenden mit, um etwas zu finden,
Das Boot ist zwischen Mond und Sternen verloren
Finden Sie einen Ort für einen Date-Abend
Wohin driftet das Boot?
Damit jeder dem bitteren, melancholischen Leben entfliehen kann
Das Boot bläst den Wind und bläst die Wolken
Tauche tausend Meilen und baue dir ein Leben auf

Traumboot des Meeres
Weit entferntes Traumboot
Liebesboot verblasst
Boot zum Spielen.

Dachte, dass …

Ich dachte, irgendwo würde der Frühling kommen
Mitte Oktober und an den regnerischen Nachmittagen
Weil Sie die Merkmale der Vergangenheit zeigen
Charmante kleine Liebhaber

Ich dachte, der Frühling käme im Wind
In deinen Haaren und auf deinen Lippen
Lass mich ein Lied finden, mit dem ich spielen kann
Gesendet mit Tausenden von Wolken, die am Himmel
schweben

Das Leben ist miserabel

Nacht unter dem Elfenbeinmond,
Mein Herz zittert vor Angst vor dem Tag, an dem ich die Welt verlasse,
Das vergängliche Leben ist trostlos,
Liebe bringt die Szene,
Ruhm, Ehrgeiz, Hunderte von Straßen, Trauer,
Anonym oder sehr talentiert
Ich verabschiede mich vom Gasthaus und schlafe für Tausende von Leben
. Wer ist das?
Dieser Faden der Liebe verbindet die Menschen auf der Welt.

Den Frühling in einem fremden Land begrüßen

Tet in der Heimat ist sehr beschäftigt
Pflaumenpfirsich in einem fremden Land ist trostlos
Trauriger Schnee fällt auf die kleine Schulter
Kalter Wind weht weiches Haar
Geistesabwesend wartet der alte Mann auf das neue Jahr
Das kleine Mädchen begrüßt den Frühling sehnsüchtig
Dann feiern Sie Tet mit lila Pfirsichen
Frühlingsduft mit goldenen Aprikosenknospen

Nachwirkungen einer traurigen Liebe

Wenn wir es nicht tun
Findet einander
Also jetzt
Es gibt keine Trauer
Leben ist
Bitter und schmerzhaft
Es ist endlich soweit
Bis morgen

Hör auf traurig zu sein
Auch wenn wir weit voneinander entfernt sind
Freust du dich schon?
dann erstickt
Einmal
Warm und hochfliegend
Trauriges Liebeszeichen
Der Regen verblasst

Ich sollte mich anmelden

Lass mich singen
Singe das alte unvollendete traurige Lied
Lieder der Vergangenheit
Jetzt nur noch ewiges Leid
Die Liebe verblasst
Ich halte die Traurigkeit in meinem Herzen

Lass uns ein Lied singen

Lass uns ein Lied singen,
Lobe unsere Liebe
Um unser Glück zu preisen
Oh, wie riesig
Hell wie der Mond

Lila Blumen sind immer noch da

Lila Blumen sind immer noch hier,
Ich bin ruhig und fleißig
Augen auf grauen Wolken
Sieht jeden Tag wie ein Liebhaber aus

Wir waren damals noch zusammen,
Das Leben ist weniger melancholisch,
Dann die Person weit weg
Traurige Regentropfen.

Liebt einander mit Träumen vom Leben,
Das Problem der Lippenkonturen
Die Person, die damals gegangen ist
Am Nachmittag füllten graue Wolken den Himmel

Lila Blumen blühen wieder,
Der Wind ist sanft
Auf einander wartende müde Vögel
Die Welt des ständigen Schmerzes

Träume von zurückkehrenden Menschen,
Obwohl die Jahre lang sind,
Egal wie sehr du vermisst
Schönen Morgen.

Wenn es Menschenrechte gibt
Wenn es Menschenrechte gibt,
gibt es Demokratie und Freiheit
Dann
wird das vietnamesische Volk sein Territorium erweitern.

Lasst uns gemeinsam gehen. Lasst uns ein Leben aufbauen.
Vietnams Heimat ist für immer frisch
Wenn du das Leben
mit Segen, Frieden und Glück lebst
werden sich die Vietnamesen mit ganzem Herzen
kultivieren

Für die zukünftige Generation.
Wir decken Kurse für junge Mädchen und Jungen ab und
fördern die Vitalität für morgen

Liebesworte zum Gedenken

ICH
Es wird____geben
Liebe für immer
Dieses Mädchen
Hundert Jahre, sogar tausend Jahre
Meine Liebe ist aufrichtig

Sinnlose Liebesworte

Ich habe schulterlanges Haar
Die kleinen Jungenhände zittern
Ich habe es satt, nach dir zu suchen
Meine Augen sind in der Vergangenheit elfenbeinfarben und mürrisch
Mein Liebesboot kommt am Traumpier an
Ich wandere immer noch um den See herum und erinnere mich an dich
Ich liebe deine weichen Lippen
Ich liebe dich, ich habe einen wunderschönen Traum
Pfirsichblütenblütenfarbe
Das Blut fließt in mein Herz

Der Herbst kommt wieder

Der Herbst ist zurück,
Der Herbst schluchzt und fällt zögernd,
Den König der Nachtseide wiederherstellen,
Oh, dieser Herbst voller Liebe
Schauen Sie sich heute die fliegenden Blätter an
Wolken gemischt mit lila überraschten Händen,
Träume von jemandem, der noch Haare hat,
Schmuckbrosche für sie im zeitigen Frühling
Jetzt ist die weiße Schwalbe weit weg,
Der jüngere Bruder dieser Zeit bestand aus kilometerlangen
Tausenden von Bergen
Draußen fallen immer noch Blätter
Einsame Seele voller Tränen
Wessen Leben ist trist?
Der Herbst kommt und vermisst sie und findet sie zurück

Traum vom Frieden

Ich rufe zum Frieden auf
Ich befürworte die Demokratie
Ich träume von Freiheit
Ich freue mich auf die Menschenrechte
Lass deine Heimat auferstehen.

Ich lebe gerne für die Menschheit,
Und wünsche mir das Leben,
Es wird keine Tränen mehr geben
Bauen Sie ein schönes Leben auf.

Ich schätze die Liebe
Die Welt des Krieges gibt es nicht mehr
Das Leben der Menschen entgeht dem Leben der Kälte

Das grüne Alter wird sicher und ausgereift sein

Kalter Frost

eines Nachmittags
Ich rufe deinen Namen
Wenn der Schnee traurig ist
auf die Straße fallen

Gebrochenes Herz,
tiefe Nostalgie
Melancholie
Lila herbstgelbe Blätter.

Wo sonst ist das?
Wenn der Regen kommt
betäubende Tropfen der Trauer

Nostalgie pflanzen
Vergangene Tage
Wie der helle Mond
zog sich plötzlich zurück.

Ein Tag
Regen fällt langsam,
Ich gehe wehmütig auf der leeren Straße,

Höre auf das traurige Herz,
Lass die Liebe viel
Bitterkeit säen,
voll.

Wie kannst du es wagen, mich zu verlassen, wenn die
Wolken noch schweben,

Von nun an Blumen im Leben,
hat nur eine entfernte Silhouette aufgenommen.,
Macht nichts,
Hey Mann.

Die Weihnachtszeit ist wieder da

Weihnachten steht vor der Tür,
Ich erinnerte mich plötzlich an die alten Zeiten,
Meine lieben zwei,
Taymitten in der Nacht
Neben der Steinhöhle auf der anderen Seite der Schwelle,
Hoffe, die Liebe vergisst nicht

Ich bete zusammen,
Lass unsere Liebe bestehen,
Wir beide werden dazu bestimmt sein,
Das Leben ist voller Wärme,
Meine Augen schweigen,
Der Wind wird kälter.

Dann Noel, Noel,
Die Zeit ist wie ein Licht,
Leuchtet auf und erlischt dann,
Wie eine Liebe, die schnell vergisst,
Ich zünde die Kerze der Trauer an,
Ich persönlich bin traurig

Die Weihnachtszeit ist zurück,
Der Wind ist nachts kalt und kalt
Die Straße geriet in Trance,
Ich blieb stehen und lauschte
Die Glocke klingelt
Welches Herz ist taub?

Hast du mich rufen gehört?
Diese Zeit ist schwebend

Abschied von einem Himmel
Wie ein Vogel, der damit spielt
Versuchen Sie einfach, zurückzukommen
Wir brauchen einander, Mann.

Ohne dich

Ohne dich
Wie kannst du
Wurde eine Person
Träume davon, Poesie zu weben

Angst vor Reue

Angst vor Bedauern,
die Nacht zu beobachten
Ich vermisse heimlich
jemanden
Der Tag, an dem wir uns trafen.
Leidenschaftliche Liebe

, die damit gerechnet hatte, verbittert zu werden
Traurige Liebe
für das Paar
Jetzt Abschied,
aber ich will nicht gehen

Lila Wolken

Jahrtausende alte violette Wolken rufen Melancholie hervor
Tausend Jahre Liebe und Erinnerung an die Erntezeit

Ich habe Selbstmitleid
Trauriger ferner Traum
Auch wenn das Leben Jahre auseinander liegt.

Stoppen Sie den Regen

Ich stand sehr lange da,
Den Regen fallen sehen,
auf den Dächern von Häusern,
Wo wartest du,
Silhouette der kleinen Schwester
Jahre zuvor,
Ich habe die Brücke schwebend überquert.

Oh Liebe
Oh Liebe,
bringen Kummer,
Halte mich fern,
Der, den ich kühn liebe,
In welchem Himmel jetzt,
Ich bin der Einzige, der sich selbst leid tut

Ich folgte meinem Mann,
Ein regnerischer Tag am Ende des Winters,
Ich binde einen rosa Schal,
geht leicht auf den Fersen,
Ich schaue dich durch die Gitterstäbe an,

Hörte den Schmerz im Herzen,
Bieten Sie immense Traurigkeit an.

Ich bin verheiratet,
Ich werde niemanden mehr haben,
Lass mich mit Träumen träumen,
Lange Nächte
Viel Liebe,

Es ist nur Schmerz,
Für melancholische Lippen
Tag-und Nacht

Der Tag, an dem ich glücklich war

Der Tag, an dem ich geheiratet habe
Blühendes Hochzeitsauto
Voller goldener Sonnenschein
Feuerwerksfarbe Rosa

Der Tag, an dem ich geheiratet habe
Ein Ausflug zum Fluss
Mein Herz schluchzt
Herzzerreißend

Der Tag, an dem ich geheiratet habe
Können Sie sich an mich erinnern?
Von nun an ist es vorbei
Träumen und warten

Der Tag, an dem ich geheiratet habe
Zwei Tränenspuren
Ich gehe in ein anderes Haus
Ostwindiger Himmel

ENDE DER STRASSE

Ende der Straße
Sind Moose
Ende der Liebe,
Voller Bitterkeit,
Am Ende des Lebens,
Als Reue,
Am Ende des blauen Himmels,
Kalte Wolken ziehen.

Ich traf dich im Netz des Schicksals,
Still und traurig wie eine Steinstatue am Winterhimmel.

ERSCHRECKEN

Ich war überrascht,
dass meine Haare flogen
dünnen und stolzen Hände

Dachte, dass
in den Blättern in den Blumen,
Der Schatten eines Mädchens in einem weißen Hemd
sucht nach mir, um Spaß zu haben

PARIS

VOLLSTÄNDIGE BEZAHLUNG DER SAMMLUNGEN

Parisdieser Nachmittag,
bewölkter Himmel,
Wer zurückkommt, wird sich für immer daran erinnern,
War schon einmal hier.

An diesem Tag waren wir zusammen,
Das Leben ist nicht in Trauer verstrickt,
Die Seele ist nicht unruhig,
Liebe den ersten Traum.

Dann gingen die beiden in entgegengesetzte Richtungen,
Lila Seelengasse,
Haben einander in Erinnerung gefunden,
Oder rufen Sie den Namen Ihres Liebsten.

Sieht toll aus in den Wolken,
Der betrunkene Mann,
Ich sende der Sonne Liebe
Der kalte Wind weht über die Schultern.

Pariskalter Wind kehrt zurück,
Der Turm beugt sich vor,
Wo bist Du mein schatz,
Sein Herz war plötzlich schwer.

PARISSICH EINPRÄGEN

Ich bin allein in der Mitte Paris,
Heute Nachmittag ziehen plötzlich graue Wolken zurück,
Der Himmel ist mit Farbe durchnässt,
Als würde man Nostalgie in die Herzen der benommenen Menschen bringen.
Wo finde ich den Schatten eines Lächelns,
Wo ist der Haarstrahl der Geliebten?
Dieser Nachmittag erinnert mich an Nachmittage,
Wir beide gingen Hand in Hand.
Atme die Samen der Trauer aus,
Der wandernde Geist gießt Kummer in den Baum.

EINEN FEHLER ANRUFEN

Jemanden in allen vier Staffeln beim Namen rufen,
An regnerischen Nachmittagen schluchzend rufen,
Aufruf zum Trauern und Trauern,
Rufen Sie die Wolken und den Himmel an, um die poetische Sonne zu nähren.

SIE SIND ÜBER

Der Sommer ist da. Der Sommer ist da
Der Sommer kommt am Morgen, sonnig und bewölkt
Der Sommer kehrt glanzvoll zurück
Der Sommer kommt, voller Lieder aller Art
Der Sommer ist voller Mädchen und Jungen
Der Sommer naht, Kinder spielen Seite an Seite
Im Sommer geht es um poetische Blumen und Blätter
Der Sommer ist gekommen, um friedliche Träume zu schmücken
Der Sommer kommt, ich rufe deinen Namen
Der Sommer naht und die Sonne strömt, bevor ich dich vermisse
Der Sommer kommt, die Blätter schlafen ein
Der Sommer ist für mich gekommen, um mürrischer zu sein
Der Sommer ist da, um Küsse hervorzurufen
Der Sommer ist voller Eisen und leidenschaftlicher Liebe
Der Sommer hat begonnen, Mann und Frau zu lieben
Der Sommer ist gekommen, um das warme und friedliche Reich wieder zu vereinen.

KÜSS MICH

Küss mich mit rosa Lippen
Küsse mich mit leidenschaftlicher Liebe
Küss mich warm und salzig
Küsse mich mit einer wunderschönen Blume

Küss mich, atme schnell
Küss mich im traurigen Regen
Küss mich leidenschaftlich
Mich zu küssen öffnet den Weg zu Liebe und Harmonie

Küss mich im Spätwinterwind
Küsse mich mit rosa Wangen und träume vom Frühling
Küss mich so nah
Küss mich für immer, vergiss nicht, mich einmal zu küssen.

Küss mich an diesem Nachmittag in der Ferne
Ich küsse mich aus der Zeit der Reue und Liebe
Küss mich bitter mein Leben
Küss mich falsch, verspreche, tausend Jahre lang zu heiraten.

WENN WIR NICHT…

Wenn wir es nicht tun
Findet einander

Also jetzt
Es gibt keine Trauer

Leben ist
Bitter und schmerzhaft
Endlich
Wir sehen uns in der Zukunft

Erinnern Sie sich an leidenschaftliche Liebe?

Beobachten Sie, wie die Vögel wegfliegen
Ich vermisse
den Mann
Durch mein Leben gegangen .

Und nun.
Wie man teilt
nur noch
Worte der Erinnerung übrig
Wann immer.
Der Regen kehrt zurück

Das Herz des Königs,
der gehen will

Wenn Sie eine Liebesliebe vergessen,
auch wenn das Gegenteil der Fall ist, ist es auch viel Liebe,
schenken Sie einander warme Liebe.

Pariszelebrieren

An einem Frühlingsnachmittag gehe ich mit dir spazieren
Wenn die Sonne auf deinen Fersen flackert
Ich lächle und singe mit Träumen
Du siehst mich weiterhin schüchtern an

Du gehst sanft neben mir her
Der Wind weiß nicht, was ich denke
Am Straßenrand lächeln Blumen und Blätter
Es gibt ein Herz, das Liebe verbirgt.

Ich freue mich auf den Nachttau
Weißer Tau mildert meinen Atem
Zögernd folgen mir die Wolken noch immer
Es ist so friedlich, nach oben zu schauen und die Sterne zu zählen

Herbst und Sommer haben die Lücke geschlossen
Ich schluchze jetzt nur noch
Ich weiß nicht, wie ich diesem alten Mann vertrauen soll
Ich wache mit gesenktem Kopf auf, um dich anzurufen.

Ich bin wieder da mit Heimatort

Ich bin wieder da
Heimatort
Bombenfallschirme
immer noch voll

Ich bin wieder da
Fluss
fürs Leben
heller

Regenschirmstraße
Bomben fallen

obwohl das Feld
überall gelb

Lasst uns dafür sein
Jiangshan
Heb die Flagge
rettet die Heimat.

Lobe Gott

Von Herzen
Bitte gib es Gott
Meine Gebete
Meine Worte sind ernst

Von deinen Lippen
Lobe Gott
Allmächtiger Vater
Führe meinen Weg

Vom Himmel weit weg
Gib mir Gottes Gnade
Die Liebe des Vaters ist offen
Vaters Vergebung

Vom hohen Thron
Sende Liebe herab
Auch wenn ich Tausende bin
Gottes Fehler.

NACHFRAGEN GEBEN

Kinder

Bitte gib es mir
das Liebeslied singen
und verbreiten
Die gute Nachricht ist überall

Bitte gib es mir
die Stimme Gottes widerspiegeln
Lassen Sie von hier aus
Ich folge Dir und gehe.

Weil Er der allmächtige Gott ist
Weil er ein guter Vater ist
Denn Er ist das Licht,
ist das Leben und die Art, wie du gehst.

Feuerlicht
Liebe
Leben

Ich bin wieder da
Mit meinem Herzen ~
Wie eine Wolke
Frieden
sonnig

Ein Wort der Liebe
für die Stadt

Blumentraum

Obwohl das Leben
Es gibt
Kette des Windes

Versuche Spaß zu haben
und den Glauben kultivieren

Vögel fliegen
strahlender Himmel

Finden Sie die Quelle
Oh, wie kommt man zum Berg zurück?
Träume von tausend Insekten
eingehüllt in den Nachttau
Immer noch entschlossen
denn das Herz ist voller Liebe

Text
geben
Menschen
Liebe

- Einheit 1

Singen Sie für den Glauben
Singe für deinen Liebhaber
Lass unsere Liebe schön sein
Lasst uns für die nächsten Tausend singen

Lasst uns für die erste Liebe singen
Obwohl die Seele Schmerzen hat

Denn morgen werden wir getrennt sein
Denn morgen ist voller Tränen
Möge die Liebe ewig dauern

Text
geben
Liebhaber

Lektion 2

Dein Lächeln ist immer noch warm
Meine Augenfarbe ist immer noch fröhlich
Bitte nicht zurückgeben
Hey Liebhaber
Bitte geben Sie mir eine Nachricht
Wir lieben uns immer noch für immer
Obwohl das Leben zweigeteilt ist

Von Tausenden von Nachtsternen
Der helle Mond erleuchtet jetzt mein Herz
Oh, erinnere dich an Liebe und Wut
Über das Mädchen
ernsthafte Liebe verspätet
Ihre Liebe duftet nach gelben Blumen
Der Duft luxuriöser Liebe

Text
für Liebhaber

Lektion 3

Hey Bruder
Lieber Schatz
Hey Bruder
Ich liebe dich so sehr

Lassen Sie mich Ihnen ein paar Worte sagen
Ich hoffe, du verstehst die Menschen
Wie viele Monate?
vermisse dich

Beim Blick in den Himmel
Zähle nachts die Sterne

Für dein Herz
es verpasst
Heiße Liebe
Gib es mir
Herbstnebel
Decken Sie immer noch die lange Nacht ab
Regen fällt nass
dünne Schultern
Aber das Herz
kröne mich
Herzerholung
Erinnere dich an den vertrauten Blick

Worte für Verliebte

Lektion 4

Aus den Lippen meiner Schwester
Wecken Sie die Musik des Lebens
Liebe auf den Thron bringen
Nimm die Liebe überall hin

Eines Nachmittags kenne ich dich
Wenn die Sonne sanft scheint
Auf pechschwarzen Haaren
Tausend Jahre lang werde ich es nicht vergessen

Tausend Jahre lang werde ich es nicht vergessen
Oh, tausend Jahre lang vergesse ich es immer noch nicht
Deine Lippen
Meine Augenfarbe
Und erstickend wie ein Haarstrahl

Dann regnete es am nächsten Tag
Streicheln Sie sanft Ihre Hand
Von einem leidenschaftlichen Liebhaber
Mein Herz ist so voll

Wo bist du gerade?
Kennen Sie einen traurigen Traum?
Dieses Herz leidet
Bitter im nächsten Leben

Wörter für Liebhaber

Lektion 5

Lass uns singen
Singe ein trauriges Lied
Lass uns weiter klingeln
Singt weiter Liebeslieder
Wegen der alten Zeiten
ich liebte dich so sehr
Denn von diesem Tag an
Er hat sein Herz verletzt

Auch wenn ich es noch weiß
Liebe ist nur eine flüchtige Wolke
Aber der Nachmittagsregen

Zögerlich nasse Hände
Trotz der ohnmächtigen Liebe
Das Leben ist nur eine Sternschnuppe
Warum sind wir bedürftig?
Verlorene Wildtiere werden wild

Lasst uns Luft machen
Sprich mit süßer Liebe
Erinnern wir uns gegenseitig
Der Traum hat die Herzkammer überflutet
Dann geht die Liebe für immer weiter
Ich fliege auch vor Trauer
Bewölkter Himmel
Zerbrich den alten Traum

Wörter für Liebhaber

Lektion 6

Dieses Mädchen
Gab mir
Viele Träume

Deine Liebe regt an
Die Sorgen steigen
hoch steigen

Den Sturm beobachten
Erinnern Sie sich an die Person, die Sie damals geliebt haben
Jetzt ist die Liebe hochgeflogen
soweit gegangen

Da ist nur
Schmerz

Worte für Verliebte

Lektion 7

Ich gehe in der Nacht
den Namen von jemandem rufen
Ich gehe in Nostalgie
Gib stillschweigend der Person die Schuld, die weit weg von mir ist
Ich gehe hilflos umher
Die nächtlichen Lichter sind wie gespanntes Warten
Ich gehe im Regen
Mit einer bitteren Umarmung

Oh Mann,
Weil unsere Liebe voll ist
Also ich bin traurig
Wenn die Liebe zerbricht

Oh Mann
Wegen unserer leidenschaftlichen Liebe
Also die Seele
Voller Ekstase

O Leute, denkt bitte für immer daran
Warum ist mein Herz?
geschockt sein

O Leute, versucht es zu vermeiden
Bitte lass meine Träume davonfliegen

Worte für Verliebte

Lektion 8

Ich vermisse dich
Allein ist die Straße leer
Ich liebe dich
ein Leben voller Träume
ich finde dich
nasser regnerischer Tag
ich treffe dich
ein trauriges Liebeswort

Auch wenn morgen die Straßen leer sind
Auch wenn morgen der Traum vorbei ist

Auch wenn morgen die rosa Sonne verschwunden ist
Auch wenn morgen die Worte der Liebe fliegen werden

Kennen wir uns,
zwei Menschen halten sich an den Händen

Wir lieben einander,
zwei verliebte Menschen

Wir treffen,
Zwei Personen nehmen Augenkontakt auf

Wir sind weit auseinander,
zwei Personen, zwei Richtungen

Worte für Verliebte

Lektion 9

Ich vermisse dich so sehr, meine Liebe ist so wunderbar
Hirschaugen sind hell und schön
Seidig sonnige Nachmittage mit Haarfarbe
Duft der Jungfräulichkeit gemischt mit Wolken und
Himmel

Ich nenne ihren Namen Liebling
Bezaubernde Schönheit mit einem Lächeln
Lassen Sie den Wind Ihre jadefarbene Haut streicheln
Fülle deine Lippen mit süßer Liebe

Liebe kommt zusammen,
lass unsere Herzen unsere Träume für eine lange Zeit
erfüllen. Liebe kommt heute, bitte sei nicht wie Wasser, das
über die Brücke fließt. Denke daran, einander zu lieben,
Tag und Nacht beten wir für ein Paar. Es ziehen Wolken
Ich träume vom Leben, das immer wie eine Wolke
vorbeikommt.

Er beendete das Gedicht für sie
Die Herbsttage sind vorbei und die Saison naht
Am Rand raschelt das Blatt
Die Baumgrenze beobachtet das goldene Licht

Bitte bauen Sie einmal einen Traum
Finden Sie, dass Sie für immer in Erinnerung bleiben
Im Laufe der Jahre fällt immer noch Regen
Liebe für immer, tausend Jahre voller Poesie

Es war einmal, hast du gesagt
Was

Was haben Sie in der Vergangenheit gesagt?
Jetzt lass die Tränen nicht verblassen.
Jetzt bist du an meiner Stelle. Mein Körper ist bitter und lustlos, blumig.

In der Vergangenheit ist meine Stimme salzig. Mein Liebling sollte mich eine Heilige Fee nennen.
Wo sind meine sanften Perlen?
Jetzt bin ich Früher, als ich

das helle Mondlicht betrachtete,
sang ich neben dem Vorhang neben dem Vorhang Musik,

Warum musste ich das Schicksal verpassen,
ich ging zu dir, um nach jemandem Schatten zu suchen.

Früher trugen Kämme Broschen,
ich freute mich über dein unschuldiges Lachen,
heute träumte ich von einem Wiedersehen,
der Schmerz der Trennung vom Himmel und den Wolken ist traurig.

Der Schmerz der Trennung

Ich bin verwirrt über den seltsamen Himmel
Das Leben im Exil endete im Frühling
Der Wind betäubt hier oft den Körper
Wenn die Nacht hereinbricht, ist das Mondlicht kalt

Ich bin verbittert im Leben eines unglücklichen Sterns
Ich zähle das Bedauern im Laufe der Jahre
Über das Leben nachzudenken ist schmerzhafter
Nehmen Sie das Schicksal des Landes eines Verwandten an

Ich freue mich auf die Berge der Nostalgie
Die Drachenflöte erinnert mich an glückliche und traurige Geschichten
Die Farbe des blauen Königs ist auf der ganzen Welt lila
Diese alten Tage umfassen jede Erinnerung

Ich glaube immer noch, dass eines Tages kommen muss
Der Tag kehrt im warmen Sonnenschein zurück
Triumphsaison erklingt glorreiche Musik
Wischen Sie Ihre Augen voller Dankbarkeit über ein Leben in Trennung

Ich kehrte zum alten Dorfdeich zurück
Die ernst traurigen Bambusstangen des Tages
Welches Echo ist voller Abschied
Die Wolken sind noch weiß, ein sagenumwobener Himmel

Ich blicke zurück auf den Garten voller Unkraut

Hören Sie sich den schluchzenden Traum der Heimatliebe
an
Die Seele ist verzückt vom Klang des Windes
Ich sehe mein Leben wieder auf Mutter Erde.

MORGEN SIND WIR ZURÜCK

Dann morgen
Ich bin zurück in meiner Heimatstadt
Den ganzen Weg gehen
Besuchen Sie jede Straße

Liebe Freunde nah und fern
Treffen wir uns und genießen Sie den King of Smoke Tea

Dann morgen
Ich bin zurück in meiner Heimatstadt
Mondnächte
Im Dorf herrscht reges Treiben

Sanfte Dorfmädchen
Auf dem Land singen und in den inneren Augen träumen

Dann morgen
Ich bin zurück in meiner Heimatstadt
Schauen Sie sich das Restaurant an
Kaufe und verkaufe freudig

Ich stelle mein Herz mit Tränen wieder her
Sieht so aus, als würden kleine Junioren zur Schule gehen

THAI
KRUG
WEG
NETZWERK

Biete es zurück
revolutionäres Land von Mutter Erde

Der Revolutionär Thai Binh ist stolz
Kim-Nein, die Leute von Xuan Loc erheben sich
Freiheit, Demokratie, Menschenrechte
Tausend Jahre standhafte Gerechtigkeit

Eine heldenhafte Truong-Son-Auszeichnung
Nationalflaggenfarbe der Seele der Vorfahren
Ich folge dem Rauschen der Berge und Flüsse
Pfirsichblut strömt heraus. Ich lasse mich nicht entmutigen
Stehen Sie auf und brechen Sie die rote Fahne
Die Veranda stand auf und erschütterte die Erde und den Himmel
Trang Bom, Tra Co, Dong Nai
Bauen Sie eine helle Festung mit natürlichem Licht

DIE MENSCHEN kehren zurück
Die Person, die mitten auf dem Berg stand
Der Wind weht über das Gesicht der himmlischen Liebe
Die Person, die in der Nacht zurückkehrte, um sich zu erholen
Ein halbes Leben voller Kämpfe für eine Weile
Die Menschen gehen in die riesigen Berge und Flüsse
Knie nieder, um Mutter Erde voller Liebe zu küssen
Menschen, die weit weg von der Straße gehen

Das Land des fremden Landes, die Heimat des nebligen Landes
Menschen, die in der Herbstsonne zurückkehren
Waldvögel singen Schlaflieder
Die Person, die gekommen ist, um das Lied zu schätzen
Das Himmelsteam trat gegen die Erde, um den Berg zu retten
Menschen kommen zum Champy-Wasserfall
Bunte Wolken und Blätter mit eingravierter Heimatliebe
Der Mann, der in den Smog zurückgekehrt ist, la da
Zögernd sind Blumen und Gras aufrichtig bemitleidenswert
Menschen, die zurückkehren, um ihr Leben neu aufzubauen
Mutige Schritte, majestätisches Gelächter
Die Person, die zurückgekehrt ist, reißt ein paar Zeilen ab
Der Schmerz der Nation ist Sehnsucht und Sehnsucht
Der Rückkehrer bleibt alleine stehen
Ich schaue für immer zum violetten Sonnenuntergang auf
Menschen über zukünftige Ambitionen
Der Held der Erhabenen von morgen

UNTER
BALL
FLAGGE

Ich laufe unter der gelben Flagge
Lauschen Sie der geschäftigen Liebe des Landes
Folgen Sie dem Wind, um mit ihm zu spielen
Rückkehr zur Erde, liebe Mutter Tausender Generationen

Ich liebe die schöne Figur
Die schöne kleine Schwester
Ich liebe riesige Berge
Der Mond ist warm und sonnig im Einklang mit der Heimat

Jetzt wandere ich in die vier Richtungen
Aber das Herz ist schwer vor Liebe zum Rennen
Ich hoffe auf Tausende Generationen von Kindern
Bewahren Sie als Vietnamese Gold und bewahren Sie
Perlen auf

ICH
WILLE
ZURÜCKKEHREN

Ich gehe immer noch durch die Straßen
Trauriger Schnee fällt kalt in alle Richtungen
Dieser Ort ist seltsam und gleichgültig
Wer kann den Schmerz für mich verstehen?

Ich möchte wieder auf die Straße gehen
Der Ort, an dem geliebte Menschen zurückgelassen werden
Liebe Verwandte, Brüder und Schwestern
Einmal gingen wir zusammen zur Schule

Ich werde zurück auf die Straße gehen
Zusammen mit dem Kriegerteam waschen sie Wind und Tau
Jahrelanger Kampf für das Ideal
Chi-Jungs auf der anderen Seite des Schlachtfeldes

Langer beschwerlicher Weg
Leuchten Sie die Flaggenfarbe auf
Behalte den Glauben
Bleibe in der Hoffnung
Heute Morgen wird die Sonne im Heimatland aufgehen
Ich kehre zurück, um die Liebe zum Rennen wieder aufzubauen
Frei in alle vier Himmelsrichtungen ausbreiten
Son Ha, die Heimat Tausender glorreicher Tage

TRAURIGE NACHT

Traurige Nacht, in der ich mich an die Heimat erinnere
Tränen stiegen in die Augen des Königs
Der Mond scheint auf die weite Erde
Meine Seele ist taub, mein Herz ist traurig
Der Körper des Jungen wandte sich wieder dem Berg zu
Ernsthaft und liebevoll von Mutter Erde träumen

Vaterland der tausend Wunder
Schwöre, der Rasse den Ruhm der Nation zurückzugeben
Auch wenn es tausend Meilen entfernt ist
Ich hoffe, der Tag des Sieges ist hell und farbenfroh

WIR BRAUCHEN RELIGION

Wir gehen zusammen
Erheben Sie die Stimme des Gewissens
der Gemeindemitglieder
Wir brauchen Religion

Wir brauchen Religion
Ist magische Kraft
Ewigkeit und Unsterblichkeit
Aus Liebe zu den Menschen

Aus Liebe zu den Menschen
Lassen Sie uns gemeinsam bestimmen
Gegen alle Mächte
Willst du die heiligen Rechte berauben

Für Unabhängigkeit und Freiheit
Wegen des Kults der Anbetung
Wir müssen mutig sein
Dass ich Religion brauche

KURZE FLAGGE
FACKEL

Eine Flagge für jede Person
Jeweils eine Taschenlampe
Lasst uns mit Begeisterung voranschreiten
Echo des Wassergelübdes
Hundert Menschen, hundert Flaggen

Hundert Menschen, hundert Fackeln
Augen, die vor Träumen strahlen
Der Zukunft des Landes zuliebe

Die Flagge in deiner Hand
In meiner Hand die Fackel
Mein Herz ist patriotisch
Meine Liebe zu meiner Heimat

Trotz des harten Kampfes
Glauben Sie an die Funktion
Gelbe Fahnen wehen
Die Fackel der Freiheit brennt am Himmel

TRAURIGE NACHT VERMISSEN LANDSCHAFT

Traurige Nacht, in der ich mich an die Heimat erinnere
Tränen stiegen in die Augen des Königs
Der Mond scheint auf die weite Erde
Meine Seele ist taub, mein Herz ist traurig
Der Körper des Jungen wandte sich wieder dem Berg zu
Ich träume ernsthaft von Mutter Erde
Unsere Heimat ist tausend Wunder
Gelübde, das Land zu schützen und die Rasse zu ehren
Auch wenn es tausend Meilen entfernt ist
Ich hoffe, der Tag des Landes ist hell und farbenfroh

SPRACHE HÖREN
GRUNDSÄTZE

Traurige Nacht, in der man dem fallenden Regen zuhört
Der Nordwind spielt mit der Kälte
Jetzt wird es Winter
Kleine Vögel fliegen im Nebel
Hilflos schreien
Der Wirbel der Seele des Reisenden wartet darauf, den
Fluss zu überqueren
Riesiger Oberflächenfluss
Den Schatten zu durchqueren ist nicht gleichgültig
Der Mond scheint auf die Bäume und geht gleichgültig
Dachte an den alten Platz am alten Deich
Wie lange wird der Regen fallen?
Ich freue mich immer noch auf die Farbe der
Freiheitsflagge

Sorgen
Tag
TET

Tet in der Heimat ist sehr beschäftigt
Pflaumenpfirsich in einem fremden Land ist trostlos
Trauriger Schnee fällt auf die kleine Schulter
Kalter Wind weht Tauhaare
Geistesabwesend wartet der alte Mann auf das neue Jahr
Das kleine Mädchen begrüßt den Frühling sehnsüchtig
Glaube an morgen auf Mutter Erde
Strahlender Frühling, Wohlstand und Gesundheit,

KLEINE KINDER

Gefühle bezüglich des Babys im Internierungslager in Hongkong

Kleines Baby mit verschwommenen Tränen
Wohin schaust du mit deinen Augen?
Verärgert blicke ich auf die tiefen Berge und Wälder
Oder das Meer ist voller Wut

Wer hat mir das gleiche Schicksal aufgezwungen?
Von denen, die weit und breit gekämpft haben
Durch die gleiche Nachricht im alten Wald
Den fernen Horizont finden

Wer hat mich bis zum Ende geführt?
Als das Leben noch ein unbeschwertes Kleinkind war
Meine Seele ist voller Träume
Wie ein verwirrtes Kaninchen und ein Reh

Der mich in die Reihe der Wandertage gebracht hat
In einem fremden Land, wo niemand weiß
Wo die Straßen mit Tausenden von Lichtern erstrahlen
Aber ich muss ein dunkles Leben führen

Baby, deine Liebe hat sich verändert
Wo finde ich goldene Herzen?
Vom Leben der Reichen
Lebe mit abgewandtem Gesicht und kümmere dich nicht darum

Ich träume von glücklichen Tagen

Geh zur Schule und spiele mit Büchern
Wie tausende Kinder überall
Von der Welt unter der strahlenden Sonne

O du, der du den Ruf des Gewissens hörst
Siehe, die Nachkommen des Geschlechts
Bitte seien Sie eine Minute aufmerksam
Rette die armen Kinder

ICH LIEBE

Ich liebe das Haarmädchen
Duftend wie süßer Honig aus der reichen Heimat
Ich liebe sie so schön wie eine Blume
Rote Lippen, ernsthaft verliebt
Ich liebe deine hübschen Augen
Strahlende helle Träume, funkelndes Lachen

Ich liebe dein frisches Gesicht
Dünne und dünne Schultern bereuen das Leben traurig
Ich liebe die anmutige Jadeform
Weiche und stolze Hände
Ich liebe, liebe, liebe für immer
Dieses Mädchen, das ich mein ganzes Leben lang liebe

**JAHRESZEIT
FRÜHLING
WANDERUNG**

Was wirst du sonst noch tun, Frühling?
Es ist so frustrierend, so viele Jahre verloren zu sein
Jede Tet-Saison bringt den König zum Bedauern
Jeder Frühling kommt zu einem Bett der Trauer
Die Aprikosenblüte ist kein schöner Anblick
Köstlicher frischer Obstkuchen, den man nicht gerne isst
Hören Sie auf, auf den Frühling von Mutter Erde zu warten
Die herrlichen Neujahrsfeuerwerkskörper explodieren am
Himmel

ich bin noch da

Ich habe viertausend Jahre hier, meine Heimat
Ich habe immer noch eine Rasse von Drachenfeen

Unsere Vorfahren hissten die Flagge, um das Land zu verteidigen
Unsere Vorfahren schmückten das Land,
Land der Kaki

Lasst uns gemeinsam Vietnam aufbauen
Lasst uns gemeinsam den Berg schützen
Weil unsere Heimat vereint ist
Für mein Volk verteile ich Blut und Knochen

Brüder, ich trage in meinem Herzen
das rote Blut der Heimat
Brüder, wir werden die Liebe erziehen
wie gelbe Haut

Wir stützen uns gegenseitig auf die Schultern und bilden eine Grenze
Seite an Seite jagen wir die Eindringlinge

Steh auf, um den Fluss zu retten
Lasst uns mit einem Herzen aufstehen, um das Land zu bewahren
Verfolge die Eindringlinge und vernichte die wilden Horden
Beseitigen Sie Eindringlinge, bauen Sie unser Land auf

Die Vietnamesen wachen auf und kämpfen gegen ausländische Eindringlinge
Die Vietnamesen jagen den Feind mit Begeisterung
Vietnam wird immer frisch sein
Vietnam ist für immer da

Liebesgespräche

Ich liebe dich heimlich, weißt du?
Jedes Mal, wenn der Mond voll ist, wird meine Seele plötzlich traurig
Beobachten Sie, wie Tausende von Wolken den Wind besiegen
Sich an jemanden erinnern, der weit weg ist

Ich liebe dich immer,
bist du gut?
Wir haben lange nacheinander gesucht
, aber die Liebe ist noch weit entfernt
Ich wünschte, ich wäre wie eine Welle
Tröste dich, wenn du traurig bist

Der Herbst ist gekommen, der Frühling ist vorbei
mit so vielen Düften
Dann das Winterschneewittchen
Aber unsere Herzen sind voller Leere
Fragen Sie Ihr Herz, warum Sie weiterhin Mitleid haben

Wie viel zu träumen,
auch keine Liebe
Auch wenn ich immer noch leidenschaftlich träume
Ich freue mich auf jemanden in der Nacht
Fragen Sie, warum der Himmel mein Herz versteht

Ich liebe dich immer noch, du bist noch weit weg
Ich vermisse die Menschen, die zusehen, wie die Blütenblätter fallen
Lasst uns den Ort der Vergangenheit finden

Wird weniger kalt sein
wenn ich finde und vergesse

Die Seele des Dichters

Man sagt, Dichter seien Träumer
Mit einer Seele, die neun Stockwerke hoch schwebt
Nach dem dreifachen Geräusch des flüsternden Windes
Liebe aus allen Gründen pflegen

Ja, ich bin derjenige, der Leben bringt
Zusammen mit der Natur reimen sich alle Dinge
Auch wenn ich weiß, dass die Tage zu eitel sind
Ich möchte nicht gleichgültig sein

Ich weiß, es ist traurig, wenn es August ist
Der Herbstwind bringt trockene gelbe Blätter
Wenn die Natur ein einsames Lied erwacht
Und verblasste Träume wieder aufleben lassen

Das Leben ist immer noch schön und frisch wie immer
Ich bin allein mitten im Leben
Dann Tag für Tag, Monat für Monat, die vorbeiziehenden
Wolken zählend
Ich dachte mir: Bin ich ein Dichter?

Hör auf zu vergessen

Nun, vergiss es
Nun, vergiss es
Verpassen Sie nicht, was zu tun ist

Versuche zu vergessen
Versuche zu vergessen
Bedauern kann man nicht ausgeben

Wie ein fliegender Vogel
Er ist weit weg
Tausende Meere ziehen Wolken an
Wo findet man den Schatten von irgendjemandem am Ende des Himmels?

Die Tränen vergehen
Die Liebe bringt dich nach Hause
Das Paradies ist voller Verliebtheit
Nur du mit Liebe.

Bruder im weißen Hemd

Ich liebe den weißen Hemdbruder
Auf der sonnigen Nachmittagsstraße
Erstaunlich schöne Augen
Wie rosa Wolken, die damit spielen

Ich komme aus einem Traum
Mit flatterndem Lachen
Kippen Sie den langen Haarstrahl
Lass die Traurigkeit auf deine Schultern fallen

Ich sehe hoch
Glitzern wie Sterne in der Nacht
Ich bin gespannt darauf
Ärger im tiefsten Herzen

Träume davon, wie ein Vogel zu fliegen
Ein Leben, das ich gesucht habe
Welche Liebe ist verlassen
Ich liebe den weißen Hemdbruder

Liebe Loc Hung

Ich liebe das Land Loc Hung
Heute Nachmittag sah ich Tränen in ihren Augen.
In nur einem Moment der Zerstörung
Träume für kleine Kinder.
Jetzt ist das Leben einsam
Die Wolken sind trostlos, es tut mir leid für Menschenleben
Wo sind die Stimmen und das Gelächter?
Von denen, die bitter leiden

Lieber Loc Hung mit Monaten und Tagen
Schicken Sie mir eine Nachricht, meine Liebe ist grenzenlos
Bitte seien Sie nicht gleichgültig
Bitte mach mich nicht traurig.
Auch Heimatland
Aber warum hat die Erdbeere die bittere Szene gebrochen?

Finde Frieden

Das Herz ist voller Trauer,
Ich suche Frieden in meinem Leben
Das Leben ist ein Spiel
Über Nacht sehe ich plötzlich Menschen weit weg von mir
Gedanken, wenn auch ernst
Hong Tran ist ein Ort des La-Da-Marktes
Denken Sie darüber nach, was übrig bleibt
Inmitten des Sturms gibt es immer noch kein Willkommen
Ich musste einfach aufgeben,
Auf der Suche nach Frieden am Ende des weiten Himmels.
Schockiert, ein Lied aufzuwecken
Lass das Leben auch Frieden und Freude sehen.
Von der Welt zu träumen ist genau das

Meine Liebe zur Mutter

Ein großes Lob an meine liebe Mutter.

Am frühen Morgen ist es Mama egal
Sie arbeiten hart, nur um ihrer Kinder willen
Mutter trägt immer noch die ganze Last
Auch wenn meine Haare jetzt schneebedeckt und feucht sind
Erinnere dich die ganze Nacht an die Alte, Mutter
Krank und weinend Mutter Maid, Mutter kümmerte sich um sie
Die Liebe einer Mutter ist wie ein Fluss
Fließt endlos, fließt endlos
Mein Herz fördert die Anbetung
Ich bete jede glückliche Stunde für Mama
Verabschieden Sie sich morgen vom Himmel
Meine Liebe zu dir, Mutter, wird niemals vergehen
Wie der Mond, der die lange Nacht erleuchtet
Es zirkuliert ununterbrochen frisches rosa Blut
Und meine Mutter ist glücklich
Viel Glück und süße Düfte
Die Augen der Mutter leuchten wie Sterne
Auch der Blick auf mein Kind ist voller Liebe
Schade um die Schulabende
Ohne Kind schmerzt und weint mein Herz
Mama, ich werde singen
Geständnis
Die Liebe der Mutter ist unermesslich...

MEINE LIEBE
SPEZIES
ALT

ich liebe dich für immer
Obwohl Liebe nicht sein sollte
Inkarnation antiker Arten
Für immer die Namen der Menschen rufen

Morgen werde ich meinem Mann folgen
Der Himmel ist voller Rauch
Ich habe eine alte Form
Umarmen Sie die Liebe mitten im Nirgendwo

Ich habe eine Menge Träume
Wie lange wirst du auf mich warten?
Alter trauriger Körper
Bittere hilflose Liebe

Entschuldigung für die nächsten tausend Male
Wo ist die Liebe zueinander?
In uraltem Schmerz
Der Himmel enthält Melancholie

SOMMER PARIS

Glückliche Gefühle anlässlich des Sommers Paris1997

Morgen in Paris
Laute menschliche Stimme
Beschäftigtes, lautes Auto
Ma-jes-ty. Straße

Blick durch den Fensterrahmen
Die andere Seite ist ein Pho-Restaurant
In der Nähe der Restaurants
Unter der strahlend goldenen Sonne

Von vielen Wegen nah und fern
Kehren Sie in den dreizehnten Bezirk zurück
Asiaten versammeln sich
Treffen wir uns und begrüßen uns

Tausend Chor der Leidenschaft
Strickstücke voller Landliebe
Den zweiten Reisenden regieren
Die fernen Himmel kommen zurück

Mein Tag heiraten

Der Tag, an dem ich geheiratet habe
Meine Seele ist wie der Ostwind
Schau dir die zerbrochenen Wolken an
Mitten im weiten Himmel

Du bist an meinem Haus vorbeigekommen
Blumenauto parkte gegenüber der Veranda
Warten auf die neue Braut
Mein Herz schmerzt mehr

Warum sind wir allein?
Unvollendete Liebesbeziehung
Jetzt seid ihr beide getrennt
Er lebt ein magisches Leben

Haben wir jemals
Vergessen Sie alle ernsten Worte
Auch wenn es weit weg ist
Deine Liebe ist immer noch stark

Die Wolken sind immer noch blau
Haltet am Reich des Drachen fest
Morgen wird mein Leben erleuchtet sein
Weg von der zerbrechlichen Liebe.

ANVERTRAUEN JAHRESZEIT WEIHNACHTEN

Die brutale Grenze der Kämpfe
Rauch und Feuer zerstreuen den Traum des blauen Zeitalters
Schuldach eingestürzt, Junioren
Wo fällt Ihnen das Lernen schwer?

Erobere mich mein halbes Leben lang
Beim Rückblick auf das Mutterland fließen Tränen
Wie viele Jahre Topfhaut und Fleisch
Bomben und Kugeln zerfetzten Mutters Körper

Niemand versteht mein Herz
Viel Spaß bei jeder Geburtstagssaison
Auswanderer mit Traurigkeit weg von zu Hause
Dasselbe gilt auch für den übriggebliebenen Kuchen

Feldmärsche
Wie oft versteckte sich der Feind mitten in der Kirche?
Das Geräusch von Schüssen ersetzte versehentlich das Gebet
Neben der Statue des Gottes Schrapnellkönig

Heute fällt wieder der weiße Schnee
Weihnachten kommt wieder mit tausendem Gelächter
Versteht jemand das vietnamesische Volk?
Träumen Sie für den Rest Ihres Lebens vom Frieden.

VERTRAUEN
KOMMENDER Herbst

Es war einmal, ich war in Dortmund
Jeden Herbst kommt die Seele zum Spielen
Nachts stillschweigend Gott die Schuld geben
Warum bin ich ein weltlicher Mensch?
Betrachtung des Geistes unter Schock
Der gelbe Mond schaut gleichgültig aus dem Fenster
Der kühle Nachtwind weht hinter dir
Nachdenken über den normalen menschlichen Zustand

Lebe jetzt in Witten
Der Herbst findet den Geist der Verwirrung
Neben dem gelben Blattfenster
Im Wind fliegen, von Regentropfen überrascht
Ein menschliches Leben ist besser als zu verlieren
Und ich bin sprachlos für die nächsten paar Herbste

Herbst
fallen
gelbe Blätter…

KONZEPTUALIST

Ich suche eine Liebe
Ich empfinde eine Nostalgie
Und ewiges Leben
Immer noch weiß und neblig

Ich umarme eine Liebe
Ich umarme eine lange Liebe
Denn in der Vergangenheit bin ich gekommen
Jetzt ist es ein Niesen

Ich habe nur noch zwei Hände
Und dieses eine Herz
Tayimmobilisiert
Die Farbe der Herzstauung verblasst

MEDITATION

Finde dich in meinen Träumen
Finde dich durch meinen Atem
Obwohl der Himmel weit offen ist
Es gibt immer noch keine Möglichkeit, es zu finden

Rufen Sie heute Nachmittag meinen Namen
Unter dem bewölkten Himmel
Space-Slack-Ton
Lass dein Herz höher schlagen

Überrascht im Regen
Der alte Geschmack verblasst
Und du bist eine Erinnerung
Spuren eines poetischen Himmels

SENDEN SIE MUTTER

Ruft schweigend den alten Mann
Ein Anruf mitten im Frühling
Rufen Sie in Liebe an
Ruf seit tausend Jahren

Und die Herbstblätter fliegen
Immer noch bitter
Ich schaffe immer noch Erinnerungen
Und leidenschaftliche Liebe

Schenkt einander einmal
Schenken Sie all die Freundlichkeit
Geben Sie ernsthaft
Machen Sie einen Gefallen

LIEBLINGSGLAUBE

Ein alter Nachmittag
Gemeinsam im Regen
Die beiden, denen ich mich anvertraue
Himmel und Erde wecken einen Traum

Du erzählst mir die Geschichte
Der kalte Herbstwind bringt zurück
Ich zittere vor Kälte
Machen Sie Ihre Seele verrückt

Ich freue mich, Sie fragen zu dürfen
Leuchtende, traurige Augen
Stell meinen Atem wieder her
Chan enthält den Rhythmus der Liebe

Kleiner Vogel am Himmel
Der Schrei des Sterns erstickt
Aufrichtig traurig im Wind
Ich fühle Traurigkeit

Auch wenn wir es uns noch nicht gesagt haben
Ende der schmerzhaften Worte
Aber wir verstehen es beide
Brüder und Schwestern mit dem ersten Herzen

Nennen Sie meinen Namen Frühling

Schwalben kommen zurück, um den Frühling
heraufzubeschwören
Wie oft hast du meinen Namen gerufen?
Gelbe Aprikose eingebettet im Tau
Der Wind spielt zu Beginn der Saison mit den duftenden
Blättern
Rosa Sonnenschein und Kinderreime
Die kleine Schwester am Nachmittag mit traurigen Augen
Du hinterlässt Spuren der Müdigkeit
Ich liebe dich, wie einsam und traurig
Der Nachtmond zitterte nervös
Wolken von Königen der Tränen sind mürrisch und wild
Die kleine Straße ist gespickt
Ihre Schultern sind dünn und anmutig
Gib mir reiche Liebe
Über dich die ganze Harmonie der Liebe.

ÜBERRASCHUNG LIEBE

Damals liebte ich die Rosen
Am Ende des Himmels erblüht das Abenteuer in Blumen
In der Sommersonne auf und ab hüpfen
Fassungslos und traurig vom Ostwind

Dann kommen und gehen die Herbste
Verschwindende Trauer- und Kummerparty
Ich suche den Grund des Himmels
Mein Herz sehnt sich nach dem Abschied

Gott, bitte gieße Regentropfen
Ich komme zurück, um die alten Rosenknospen zu kultivieren
Die Tränen des virtuellen Lebens verblassen
Schauen wir uns nicht gleichgültig an

Ich bin immer noch in der Traumwelt
Erbärmlich ein paar Gedichte weben
Die Rosenknospen des alten Jahres duften noch immer
Wo wartet diese Liebe?

Silvester MEDITATION

Schwalben erblühten wieder in Gold
Die vier Himmel und acht Reiche hallten mit
Feuerwerkskörpern wider
Der Parfümfluss ist versteckt, um das neue Jahr zu feiern
Der Berg Ngu begrüßt traurig den Frühling

Überschwemmungen führen zur Zerstreuung vieler
Menschen
Wasserkatastrophen hinterlassen viele arme Menschen
Blick nach oben in den tiefblauen Himmel
Ich möchte die Szene schnell hinter mir lassen

Knödel, Kuchen, Marmeladen und Süßigkeiten
Die Leute, die für Tet kämpfen, sind hier
Der Zorn des Vaterlandes häufte sich über die Jahre
Mutter Erde trauert Tag und Nacht

Nam Giao ist in den Wolken und im Wind verborgen
Thien Mu liegt traurig inmitten der Bäume
Der kam, um eine Beileidsbotschaft zu übermitteln
Das Feiern von Tet in der Zentralregion ist kurz und lang.

HEIMWEH

Leben in einem Land, in dem die Menschen ihre Heimat vermissen
Jede Nacht höre ich das Weinen der Schule
Aus dem Grunde meines Herzens
Und der Schmerz aus tiefstem Herzen

Beim Ostwind gemeinsam Tee trinken
Gedichte, die im Gefühl des Herbstes wandern
Der Frühling naht, kuscheln Sie sich in warme Kleidung
Im Sommer mitten auf der Straße verloren

Sauer mit jeder Bitterhefe
Sende es zum Mond, zum Wind, zum Himmel
Lu aus der Heimat ist traurig und einsam
Schön, das Land voller Tränen zu sehen

Nur Zuhause ist Zuhause
Weit weg vom Himmel ist so traurig
Müde von den Jahren, die vergehen
Die Liebe zur Heimatstadt zu vermissen ist zu stark

Danksagung

Wie bei meinen anderen Arbeiten bin ich einigen Menschen zu Dank verpflichtet
Zu den engsten Menschen in meinem Leben gehören meine Eltern, mein Mann und meine Frau, meine Brüder und Schwestern und liebe Kinder.
Besonders meine Lebenspartnerin Nguyen Thi Niem und meine beiden Kinder Yen-Ngan und Minh-Khoa gaben mir die Möglichkeit, diese Arbeit zu vollenden.

Trường Hà Vũ Toại